AF402335

MÉMOIRE

SUR LA

PRESENCE DU SUCRE

DANS LES URINES

ET

SUR LA LIAISON DE CE PHÉNOMÈNE

AVEC LA RESPIRATION;

PAR

ALVARO REYNOSO.

PARIS.

LIBRAIRIE DE VICTOR MASSON,

PLACE DE L'ÉCOLE-DE-MÉDECINE.

1853.

MÉMOIRE

SUR LA

PRÉSENCE DU SUCRE

DANS LES URINES

ET

SUR LA LIAISON DE CE PHÉNOMÈNE

AVEC LA RESPIRATION.

———

(Présenté a l'Académie des sciences. — V. Comptes rendus de 1851.)

Commissaires : MM. Magendie, Flourens et Pelouze.

———

Le mémoire que j'ai l'honneur de présenter à l'Académie n'est que le développement de trois notes que j'ai déjà soumises à son jugement. J'ai, depuis la publication de ces notes, répété un grand nombre de fois mes expériences, et trouvé quelques faits nouveaux qui viennent à l'appui de la théorie que j'avais émise.

La vie est un ensemble de formations et de décompositions successives; nos organes se détruisent et se reforment continuellement pendant toute sa durée, bien qu'à certaines époques chacune de ces actions puisse augmenter ou diminuer séparément (1). Nous avons une preuve de la décomposition qu'éprouvent nos organes dans le besoin incessant

(1) Voir *Burdach*, t. VIII, p. 420, et t. IX, p. 101 et 691.

de nourriture, besoin qui ne dépend pas uniquement de la diminution des liquides, car les parties solides y contribuent aussi pour leur part. En effet, ces parties, les muscles surtout, perdent de leur masse, et leur composition normale finit par s'altérer, lorsque la nourriture manque. Une addition de matériaux nouveaux suppose une consommation correspondante, et comme le corps demeure semblable à lui-même, quand la nutrition ne subit aucune altération, celle-ci doit avoir pour antagoniste une résorption dont la quantité proportionnelle est trop forte dans l'atrophie, et trop faible dans l'hypertrophie. Et ce renouvellement des matériaux doit accompagner tous les actes de la vie; car l'accroissement de l'activité dans une fonction de l'organisme entraîne à sa suite, ou bien le besoin d'une plus grande somme de nourriture et de repos, ou bien l'émaciation et l'épuisement. C'est ce qu'on observe dans les fièvres, de même qu'après les exercices violents, les veilles prolongées, les travaux opiniâtres de cabinet, et les orages des passions. D'après cela, notre corps est assujetti à un changement continuel de sa substance, de sorte qu'au bout d'un certain nombre d'années, il ne reste plus un seul atome de la matière dont il était formé.

L'animal a donc besoin de matières propres à réparer les pertes que l'énergie vitale fait éprouver à ses organes, matières qui doivent présenter la même composition que ces mêmes organes.

D'un autre côté, nous savons que la vie est toujours accompagnée d'un certain dégagement de *chaleur;* et, soit que nous considérions cette chaleur, d'après les anciens, comme la source de la vie, ou qu'elle ne soit qu'un résultat, il est prouvé en tous cas que ce dégagement de chaleur est proportionnel à l'énergie et à l'activité de la vie. De plus, nous voyons que la respiration exerce une *in-*

fluence sur la production de la chaleur, et que ces deux fonctions sont en raison directe l'une de l'autre dans la série animale, dans les diverses circonstances et les différentes périodes de la vie. On sait, par exemple, que la respiration est la condition de la force musculaire, et que le développement du système respiratoire dans la série animale est en raison directe de la facilité et de la vélocité du mouvement volontaire.

La chaleur dégagée est proportionnelle à la respiration.

Il est également incontestable que la quantité de chaleur développée est proportionnelle, en général, à l'oxygène inspiré et à l'acide carbonique expiré. Ainsi, à un haut degré d'organisation, lorsque la vie jouit d'une grande activité, et que le développement de la chaleur est considérable, la consommation d'oxygène est plus grande.

Il faudra donc à l'animal des substances propres à se combiner facilement à l'oxygène, et à développer le plus de chaleur dans cette *combustion*. Dans l'alimentation, il faut donc deux espèces de substances : les unes destinées à s'identifier avec les parties de l'organisme, à réparer les pertes qui accompagnent l'exercice de la vie, et à développer nos organes ; les autres, destinées à fournir la chaleur par leur combinaison avec l'oxygène dans l'acte respiratoire. Les décompositions qui accompagnent l'exercice de la vie, et la chaleur qui en est la suite ou la cause, étant toutes les deux en raison directe de l'énergie de la vie, il est clair que la quantité d'alimentation doit être proportionnelle à l'activité vitale. Liebig appelle les aliments réparateurs, aliments plastiques, et, sous cette dénomination, il range l'albumine, la caséine et la fibrine animales et végétales. Ces substances sont, en effet, les seules fournies par ces deux règnes, qui soient capables de donner naissance, dans la nutrition, aux parties essentielles du sang qui nourrit nos organes. On comprend aussi qu'on doit ranger parmi ces aliments plastiques les divers sels minéraux qui concourent à la formation des solides et à la composition des liquides de l'économie.

Liebig désigne sous le nom d'agents de la respiration les aliments destinés à se combiner avec l'oxygène pour développer la chaleur, et il y range toutes les matières non azotées (*sucre, amidon, graisse*). Parmi tous ces agents de la respiration, le plus convenable, en ce qu'il brûle plus facilement et produit plus de chaleur, c'est la graisse.

Tant qu'il y a accord entre les proportions de ces substances dans l'alimentation mixte et l'énergie vitale, chacune d'elles remplit son but; car, dans la circulation, les aliments plastiques sont préservés de la combustion par la présence des substances non azotées; mais aussitôt que, celles-ci viennent à manquer, il y a une certaine proportion des aliments plastiques qui se détruisent quoiqu'ils brûlent difficilement et produisent peu de chaleur. Il est probable que ces aliments plastiques ne sont brûlés qu'après avoir été transformés en d'autres substances, en graisse, par exemple (1).

Lorsque, au contraire, ce sont les aliments plastiques qui viennent à manquer, l'animal dépérit et meurt, car les

(1) Même, pendant un régime mixte, nous voyons apparaître dans les urines des principes tels que l'urée, l'acide urique, etc., substances azotées qui ne peuvent provenir que de matières azotées brûlées. Leur origine est bien facile à expliquer : Nous avons déjà admis que la vie est une suite non interrompue de décompositions et de recompositions. Les substances azotées de nos organes, qui ont été modifiées pendant l'exercice de ces derniers, et qui ne sont plus aptes à concourir à leur structure sont détruites par l'économie, brûlées par l'oxygène, et rejetées sous forme d'urée, d'acide urique. Le soufre et le phosphore contenus dans ces substances sont transformés en acide sulfurique et phosphorique et rejetés sous la forme de sulfates et de phosphates.

animaux n'ont pas la faculté de transformer le sucre, l'amidon, la graisse, en aliments plastiques, propriété que possèdent seuls les végétaux.

Si l'animal se trouve soumis à un régime mixte très abondant, alors il prend de l'embonpoint, c'est-à-dire que les organes s'accroissent par les substances plastiques accumulées et par les agents respiratoires (la graisse) déposés.

Examinons la part que les aliments prennent dans la formation de la graisse.

Nous avons déjà dit que la graisse est une substance destinée à concourir à la production de la chaleur; son accumulation dans l'organisme ne peut provenir que d'un manque de respiration, d'un excès de nourriture, ou de tous les deux à la fois.

La graisse peut, ou provenir des aliments, ou se former dans l'économie; elle peut aussi être déposée dans l'organisme de ces deux manières à la fois. Presque toujours l'économie en produit la plus grande partie, surtout quand l'alimentation est riche en substances plastiques. Quand un animal est soumis à un régime pauvre en substances plastiques, alors l'accumulation de la graisse est sensiblement égale à celle que l'animal ingère. Lorsque la graisse domine dans les aliments et que les matières plastiques ne suffisent pas pour former les cellules, les muscles sont résorbés et la graisse se dépose; mais une maladie s'ensuit, et l'animal meurt. S'il est soumis à un régime mixte, riche en principes plastiques, alors on constate que la quantité de graisse accumulée est supérieure à celle qui était contenue dans la nourriture. De plus, un fait très curieux à remarquer, c'est qu'il doit exister déjà dans la nourriture une certaine quantité de graisse pour pouvoir déterminer la formation rapide d'une quantité plus considérable de cette substance dans l'économie. Ainsi, par exemple, le riz, qu'on peut considérer comme du maïs moins la graisse, ne sert point pour l'engraissement, tandis que le maïs, qui en contient une petite quantité, est très propre à cet usage.

Quels sont les aliments qui produisent la graisse? Dans quel organe se forme-t-elle? La première question est résolue, la seconde ne l'est pas encore (1).

La graisse peut provenir soit des aliments azotés, soit des aliments non azotés.

Les aliments azotés, d'après M. Wurtz, par la putréfaction, se dédoublent en ammoniaque et acides gras (butyrique et valérianique), de manière qu'on peut comprendre que la graisse dérive de ces matières azotées.

Si l'on se rappelle que le sucre produit de l'acide butyrique lorsqu'il se trouve en présence du caséum en putréfaction (Pelouze et Gélis), et de plus que ce même sucre, en présence des ferments particuliers qui se trouvent dans les pommes de terre, betteraves, etc., produit de l'alcool amylique, d'où dérive l'acide valérianique, acide trouvé par M. Chevreul dans la graisse des cétacés, on concevra facilement la formation de la graisse à la faveur du sucre. S'il en est ainsi, dit M. Boussingault, les animaux partageraient avec les végétaux la faculté de créer des corps gras, et cela probablement par des moyens analogues. On voit en effet l'amidon et la substance saccharine disparaître graduellement dans les plantes à mesure que la substance grasse s'accumule dans les semences.

(1) Voir pour la question de la formation de la graisse, Boussingault, *Économie rurale*, t. II, p. 561 et suiv. — Dumas, *Chimie physiologique.* — Liebig, *Nouvelles lettres sur la chimie*, p. 118 et suiv. — Persoz, *Expériences sur l'engrais des oies.* — *Annales de chimie et de physique*, t. XIV, p. 408. — Jacquelin, *Remarques sur les expériences de M. Persoz.* — *Annales de chimie et de physique*, t. XXI, p. 470.

9

D'après Liebig, on pourrait déduire la formation de la graisse de l'amidon par le dédoublement suivant :

$$C^{12} H^{10} O^{10} = C^{11} H^{10} O + CO^2 + O^7.$$

$\underbrace{\phantom{C^{12} H^{10} O^{10}}}_{\text{Amidon.}} \quad \underbrace{\phantom{C^{11} H^{10} O}}_{\text{Graisse.}}$

Comme on sait que l'amidon n'est jamais absorbé qu'à l'état de sucre de raisin, il faudrait, pour expliquer cette formation, établir la formule suivante : $C^{12} H^{14} O^{14} = 4 HO + C^{11} H^{10} O + O^7 + CO^2$.

L'oxygène, devenu libre dans cette réaction, se combinerait avec d'autres substances, et serait rejeté sous la même forme que l'oxygène introduit dans l'organisme par la respiration. Il s'ensuivrait alors nécessairement qu'il y aurait dans l'organisme une source d'oxygène indépendante de l'oxygène de l'air, de manière que quelquefois la quantité d'acide carbonique éliminée serait supérieure à celle qui correspondrait à la quantité d'oxygène inspiré.

On n'a pas encore analysé l'air dans lequel vivent les animaux soumis à l'engraissement, de manière qu'on ne peut pas encore affirmer que cette hypothèse soit vraie ou fausse. Toutefois, je rappellerai un fait qui, je pense, lui vient en appui. MM. Regnault et Reiset ont constaté souvent dans les poules soumises au régime du grain, une quantité d'acide carbonique expiré, supérieure à la quantité d'oxygène qu'ils avaient fournie à la respiration (1).

Si l'on admet que le sucre et l'amidon puissent se transformer en graisse par l'équation ci-dessus, on pourra aussi comprendre sa formation par les matières protéiques. D'après M. Hunt (2), la protéine qui est l'espèce normale des matières albuminoïdes, dériverait de la cellulose et serait

(1) *Annales de chimie et de physique*, t. XXVI, p. 514.

(2) *Comptes rendus de travaux de chimie*, par MM. Laurent et Gehrardt, 1850, p. 317.

une *amide* de cette dernière substance. Il suppose que les petites quantités de soufre et de phosphore qu'on y rencontre y remplacent l'oxygène et l'azote de l'espèce normale. M. Hunt propose pour formule de la protéine et pour l'explication de sa formation l'équation suivante (1) :

Protéine. . $2 C^{12} H^{10} O^{10} + 3 N H^3 — 12 H O = C^{24} H^{17} N^3 O^8$.
Gélatine. . $2 C^{12} H^{10} O^{10} + 4 N H^3 — 12 H O = C^{24} H^{20} N^4 O^8$.

Ce qui donne de la probabilité à la formule de la gélatine, c'est la réaction observée par M. Gehrardt; quand on fait bouillir de la colle de poisson avec de l'acide sulfurique étendu d'eau, il se forme une grande quantité de sulfate d'ammoniaque et du sucre qui fermente avec la levûre de bière et produit de l'acide carbonique et de l'alcool.

Ainsi donc la graisse dériverait de la protéine par une réaction analogue à celle qui a servi pour expliquer sa production au moyen de l'amidon ; seulement l'oxygène devenu libre serait absorbé par les résidus de charbon et d'azote, pour donner naissance à des composés uriques qui se trouvent rejetés par les urines.

Pour compléter l'énonciation des théories sur l'usage du sucre dans l'économie, il faut rappeler que, d'après Tiedemann et Gmelin, il contribue à la formation de la bile. De plus, il donnerait naissance à l'acide lactique que l'on rencontre dans l'économie. Suivant Berzelius, l'acide lactique serait aussi un produit général de la décomposition spontanée des matières animales dans l'intérieur du corps.

---

(1) La formule de protéine de M. Hunt exige :

		MM. Dumas et Cahours ont trouvé pour l'albumine :
Carbone.	53.93	53.59
Hydrogène	6.36	7.27
Azote.	15.73	15.72
Oxygène	24.34	23.52

Quelles que soient les modifications que subit le sucre avant de se détruire dans l'économie, il est démontré qu'il finit toujours par se brûler complétement en produisant de l'acide carbonique et de l'eau. De plus, il est certain qu'une grande partie du sucre disparaît pendant l'acte respiratoire dans les poumons; car le sang qui part du foie et s'achemine vers les poumons contient du sucre, et celui qui en sort en est complétement exempt, ou tout au moins *sensiblement*. Je dis *sensiblement*, car il est probable que le sang artériel contient du sucre en si petites quantités que l'analyse ne peut le déceler, sucre qui est destiné à se brûler dans le reste de l'économie; car la combustion s'opère non seulement dans les poumons, mais aussi dans toutes les parties du corps.

Si l'acte respiratoire est affaibli, si l'économie ne peut pas produire la quantité de chaleur indispensable pour son entretien normal, alors une partie du sucre qui existe dans l'économie s'échappe par les sécrétions, ne pouvant être brûlée pour produire de la chaleur, ni subir les autres transformations auxquelles il est assujetti dans l'exercice normal de nos fonctions. Car la formation de la graisse, par exemple, quoique indiquant un excès d'aliment combustible, requiert impérieusement une bonne alimentation et assimilation de principes azotés. Or, une bonne alimentation et assimilation de principes azotés ne peut se faire que lorsque la nutrition de nos organes les demande et que la chaleur dégagée dans la respiration les seconde; conditions qui exigent l'exercice complet de nos fonctions.

Ainsi, quelle que soit la forme sous laquelle le sucre disparaît dans l'acte respiratoire, il est certain qu'il s'y détruit soit en se brûlant directement, soit en se convertissant en d'autres substances. De plus, soit que cette transformation ou cette combustion du sucre se trouve liée à l'acte respiratoire lui-même et primordialement, comme je le crois, soit que l'acte respiratoire n'y contribue que d'après l'énergie de la vie, par sa liaison avec d'autres fonctions, et en exerçant une influence supérieure et bien plus marquée par son importance, en tout cas, cette destruction du sucre se trouve être proportionnelle à la quantité de respiration.

Pour me résumer ma thèse est la suivante :

Étant démontré que le sucre se détruit dans la respiration, *prouver que cette destruction est en raison directe de la respiration.*

Le sucre qui n'est pas détruit dans l'acte respiratoire, ou métamorphosé dans l'économie, passe dans les urines, et c'est par sa présence dans ce liquide que nous jugeons de sa non-destruction ou non-modification; car à l'état physiologique le sucre ne se rencontre pas dans les urines.

Jetons un coup d'œil sur les théories qu'on peut émettre sur ce phénomène.

1° La respiration *reste normale;* le sucre apparaissant dans les urines y serait parce que le foie en fabrique une quantité supérieure à celle que l'économie peut consommer;

2° Voici ma théorie : la quantité de sucre consommée par l'animal à l'état de santé ne pourra plus l'être lorsque la respiration ne s'exercera plus comme à l'état normal.

Depuis les expériences qui ont conduit à admettre une force glucogénique dans le foie, on a imaginé de dire que chaque fois que le sucre apparaît dans les urines, sa présence est due à ce que le foie en a produit une quantité plus grande que celle que l'animal a détruite. Sans vouloir relever tout ce que cette proposition présente d'absolu, nous dirons, sans nier ni l'importance ni l'exactitude du

travail qui a servi de base à cette théorie, que cette fonction du foie nous semble *insuffisante* pour expliquer ce
phénomène.

Du moment qu'on admet que le sucre se détruit pendant
la respiration, il faut nécessairement admettre aussi, soit
que le sucre augmente au delà de la force qui le détruit,
soit que la respiration diminue et ne peut plus détruire la
quantité qui disparaît à l'état normal. Les deux cas pourraient arriver, seuls ou conjointement, mais nous ne
croyons qu'au second, car c'est le seul qu'on puisse prouver. Il faudrait prouver par des nombres que la quantité
de sucre produit par le foie peut dépasser de beaucoup les
énormes quantités que nous détruisons tous les jours. Il
semble de prime abord incroyable que la quantité de sucre
produite dans le foie quand on fait respirer de l'éther à un
animal puisse être supérieure à celle qu'il peut ingérer dans
un seul repas de sucre en nature ou d'aliments suscepti-
bles de se transformer en sucre, quantité qui, cependant,
est tout à fait détruite.

Sans énumérer les cas nombreux où le sucre apparaît
dans les urines, sans que cette théorie puisse expliquer sa
présence, il est des circonstances de passage du sucre qui
la contredisent entièrement ; tandis que tous les faits s'ex-
pliquent très bien par la seconde théorie, dès qu'on admet
une modification dans la respiration. Nous aurons occasion
de revenir sur ce sujet.

La première note que j'eus l'honneur de présenter à
l'Académie était ainsi conçue :

« Les fonctions du bulbe rachidien ont été étudiées par
divers physiologistes qui s'accordent tous à le considérer
comme le foyer central et l'organe régulateur des mouvements de la respiration. De plus, M. Flourens a trouvé qu'il
y a une partie du bulbe, très circonscrite, qui est le véri-

table siége de la respiration. Ce point se trouve chez les lapins immédiatement au-dessus de l'origine de la huitième paire, et sa limite inférieure à peu près au-dessous de cette origine. M. Bernard, en piquant les lapins dans la proximité de l'origine du pneumo-gastrique, les rend diabétiques; et il explique ce phénomène en disant que, sous l'influence de l'excitation produite, le foie fabrique une si grande quantité de sucre que, ne pouvant être consommé par la respiration, il passe dans les urines. J'avais cru pouvoir expliquer ce phénomène en admettant que, sous l'influence de la lésion causée par la piqûre, il y avait paralysation, sinon complète, du moins partielle, de la respiration et qu'alors le sucre normal, ne pouvant être brûlé, passe dans les urines. Pour le prouver, il fallait trouver le moyen d'empêcher la respiration en causant une asphyxie; l'expérience nous a prouvé qu'au moyen de l'anesthésie, on arrivait à produire du sucre dans les urines.

» Notre explication étant supposée exacte, nous devions trouver d'autant plus de sucre, que l'animal soumis à l'éthérisation avait une respiration plus active et que ses aliments en contenaient plus; car il passait plus de sucre non brûlé. Nous avons observé, en effet, que chez les herbivores ou les animaux soumis à un régime mixte, il passe plus de sucre que chez les carnassiers nourris exclusivement avec de la viande; chez deux hommes soumis à l'éthérisation, le plus vigoureux est celui qui donne le plus de sucre.

« Enfin, il était curieux de voir si dans d'autres circonstances d'asphyxie, on verrait aussi les animaux devenir diabétiques. Des lapins strangulés et noyés nous ont donné du sucre dans les urines; mais aussi il faut dire que nous n'en avons pas obtenu dans tous les cas, probablement parce que ces moyens d'asphyxie entraînent avec eux de nombreuses causes perturbatrices dans l'économie.

» Ainsi, un animal vivant qui ne respirerait pas, présenterait normalement du sucre dans ses urines. M. Bernard a, en effet, prouvé que dans le fœtus il y a toujours du sucre dans les urines.

» Nous pensons devoir en rechercher aussi dans les personnes soumises à un traitement hyposthénisant.

» Un mot sur la manière de faire les expériences. On peut opérer sur des animaux ou mieux sur un homme vigoureux et bien portant. On le fait uriner d'abord ; ensuite on l'éthérise. On recueille les urines, on les traite par le sous-acétate de plomb, on filtre et l'on précipite l'excès de sel de plomb par le carbonate de soude. C'est dans la liqueur filtrée et concentrée qu'il faut rechercher la présence du sucre, avec une dissolution alcaline de tartrate de potasse et de cuivre, ou en le mettant en contact avec de la levûre de bière qui transforme le sucre en alcool et en acide carbonique.

» Nous croyons que ces expériences éclairciront la nature de la maladie des diabétiques ; car elles établissent la relation qui existe entre la respiration, l'influence nerveuse et le sucre des urines. »

Action des inspirations d'éther.

Comme je l'avais dit dans ma première note, toutes les fois qu'on fait respirer de l'éther à un animal, le sucre apparaît dans ses urines. J'explique ce fait, par le trouble que subit la respiration qui, étant diminuée, ne peut plus détruire tout le sucre que le sang lui fournit.

On a voulu expliquer ce phénomène d'une manière différente. On a prétendu que les vapeurs d'éther en arrivant aux poumons produisaient une irritation qui serait transmise par le pneumo-gastrique à l'encéphale, et de là réfléchie sur le grand sympathique, lequel, irrité à son tour, augmenterait la production du sucre dans le foie et l'augmenterait tellement que l'économie, ne pouvant plus détruire le tout, rejetterait l'excédant par les urines. Cependant, j'ai fait une expérience qui ne s'accorde pas avec cette explication ingénieuse.

Je prends un lapin et je le fais uriner. Ensuite, je coupe les deux pneumo-gastriques au cou en enlevant au moins 2 centimètres de nerf de chaque côté et je fais respirer à l'animal de l'éther. Je commence d'abord par l'anesthésier complétement. Quand il est tout à fait éveillé, je lui fais respirer de nouveau de l'éther pendant dix minutes, mais sans l'anesthésier complétement. Alors j'examine ses urines qui sont très claires et contiennent du sucre en quantité aussi notable que si l'on n'avait pas détruit les pneumo-gastriques.

Ainsi toute fois qu'on fait respirer de l'éther à un lapin, soit qu'il possède ses pneumo-gastriques, soit qu'il en ait été privé, il y a toujours passage du sucre dans les urines.

En faisant respirer aux lapins du chloroforme, de la liqueur des Hollandais, de l'éther iodhydrique et bromhydrique, de l'éther chloramylique, de l'éther nitrique (1), acétique, de l'aldéhyde, de la benzine, de l'acétone, on obtient aussi le passage du sucre dans les urines. Il en est de même en les asphyxiant lentement par l'hydrogène sulfuré et l'acide carbonique ou avec des vapeurs d'acide cyanhydrique.

Je crois donc pouvoir conclure :

Toutes les substances qui déterminent l'anesthésie et les gaz ou vapeurs irrespirables, font que le sucre passe dans les urines ; et ce passage est indépendant de l'intégrité des nerfs pneumo-gastriques.

(1) Cet éther nitrique était plutôt un mélange d'éther nitrique et d'éther nitreux.

Je citerai un fait trouvé par M. Bernard, après la publication de mon travail, et qui rentre naturellement dans cette même classe de faits.

D'après lui, quand on fait respirer du chlore à des animaux, on obtient le passage du sucre dans les urines. Ici, le chlore agit d'abord, parce qu'il est respiré à la place d'air, et par là diminue la quantité d'oxygène inspiré, et ensuite parce qu'il désorganise les vésicules pulmonaires qui deviennent impropres à leur usage.

Presque toutes mes expériences sur l'inspiration des agents anesthésiques ont été faites sur des lapins. Les meilleures conditions pour obtenir un résultat satisfaisant sont les suivantes. Les lapins qu'on achète dans le commerce sont en général fatigués et mal nourris ; il faut les laisser se reposer pendant vingt-quatre heures et leur donner à manger abondamment des *carottes*. Au bout de ce temps, on commence l'expérience et l'on obtient d'autant plus de sucre qu'on leur a fait respirer des agents anesthésiques pendant plus longtemps. Si l'on a la patience de leur faire respirer de l'éther pendant une heure et demie, on obtiendra un très bon résultat. On commence par les anesthésier complétement, on les laisse revenir, et l'on recommence à les anesthésier de nouveau, et ainsi successivement cinq ou six fois. Avec une simple éthérisation, on obtient déjà un résultat, mais il vaut mieux les éthériser cinq à six fois de suite.

Nœud vital de M. Flourens.

J'avais prévu dans ma première note que le nœud vital devait jouer un grand rôle dans le passage du sucre dans les urines, comme étant le point premier moteur du mécanisme respiratoire ; depuis, grâce à la bienveillance de

2

M. Flourens, qui m'a ouvert les portes de son laboratoire et prodigué ses savants conseils, j'ai pu acquérir la certitude que je ne m'étais pas trompé dans ma prévision.

A l'extrémité postérieure du quatrième ventricule, entre les deux pyramides postérieures de la moelle, il existe un petit V de substance grise, inscrit dans la bifurcation de ces pyramides. Ce V est la continuation de la substance grise de la moelle et s'appelle aussi *calamus scriptorius*. C'est dans la pointe du V, de substance grise, et entre les deux côtés de l'angle formé par le V que se trouve le nœud vital de M. Flourens. D'après lui (1) « la limite supérieure du nœud » vital passe sur le trou borgne, la limite inférieure sur le » point de jonction des pyramides postérieures ; entre ces » deux limites est le point vital, et de l'une de ces limites » à l'autre, il y a à peine une ligne. »

M. Flourens ne s'est pas contenté de déterminer la position et les limites du nœud vital ; il est allé plus loin ; et, grâce à une analyse rigoureuse et rationnelle, dans ce point qui a une ligne à peine, il a distingué trois démarcations. Voici comment il expose le résultat de ses recherches :

« Je fais souvent l'expérience en procédant par sections » transversales.

» Si la section passe en avant du trou borgne, les mou- » vements respiratoires du thorax subsistent, tandis que » ceux de la face sont abolis.

» Si la section passe en arrière du point de jonction des » pyramides, les mouvements respiratoires de la face (le » mouvement des narines et le bâillement) subsistent, » tandis que ceux du thorax sont abolis.

» Si la section passe sur la pointe du V de substance » grise inscrit dans le V des pyramides ou bec de plume,

(1) *Comptes rendus des séances de l'Académie des sciences*, t. XXXIII, p. 438.

» les mouvements respiratoires de la face et du thorax sont
» abolis sur-le-champ et tous ensemble.

» Je fais aussi souvent l'expérience d'une autre manière :
» je me sers d'un petit emporte-pièce dont l'ouverture a
» à peine un millimètre de diamètre ; je plonge cet em-
» porte-pièce dans la moelle allongée en ayant bien soin
» que l'ouverture de l'instrument réponde au V de substance
» grise et l'embrasse. J'isole ainsi tout d'un coup le point
» vital du reste de la moelle allongée, des pyramides, des
» corps restiformes, etc., et tout d'un coup les mouvements
» respiratoires du tronc et les mouvements respiratoires de
» la face sont abolis.

» Ainsi, les limites expérimentales de ce point sont mar-
» quées, au dessous, par la persévérance des mouvements
» inspiratoires de la tête ; et au-dessus, par la persévérance
» de ceux du tronc (1). »

Lorsqu'on vient à piquer le nœud vital de M. Flourens,
il y a toujours passage du sucre dans les urines ; j'ai répété
plusieurs fois l'expérience devant M. Flourens, et j'ai constamment obtenu le même résultat.

Je prenais un lapin et le faisais uriner. Les urines étaient
troubles comme toujours et ne contenaient pas de sucre ;
je piquais le nœud vital, et aussitôt qu'on pouvait le faire
uriner de nouveau, j'obtenais une urine limpide et conte-
nant du sucre en quantité très notable et facile à déceler
par tous les moyens.

C'est à tort qu'on a cru que je voulais dire dans ma première note que le point du bulbe où piquait M. Bernard
pour faire passer le sucre dans les urines, était le nœud
vital de M. Flourens. Je n'avais nullement voulu dire cela,
mais je pensais alors, et je crois encore aujourd'hui, que ce

(1) Flourens, *Recherches expérimentales sur les propriétés et les fonctions
du système nerveux*, p. 201.

point où pique M. Bernard est sous la dépendance du nœud
vital, qui a été appelé aussi par M. Flourens, point central
premier moteur du mécanisme de la respiration. Il est
centre d'action et coordonnateur à la fois ; et par un mouvement coordonné M. Flourens entend : « tout mouvement
» qui résulte du concours, de l'enchaînement, du grou-
» pement, si l'on peut ainsi dire, de plusieurs autres mou-
» vements, tous distincts, tous isolés les uns des autres, et
» qui, groupés autrement, auraient donné un autre résul-
» tat total. »

Le point central de coordination des divers actes de la
respiration est le foyer pour ainsi dire d'où émanent ses
actions coordonnatrices, de manière que son action est
multiple, mais unique. Elle présente de l'unité dans la
pluralité, du simple dans le complexe. Je pense donc,
quoique le point où pique M. Bernard soit à un centimètre
au-dessus du nœud vital, que la piqûre effectuée dans ce
point intercepte quelques uns des rayons actifs et coor-
donnateurs du nœud vital et que par là, il est sous sa dépendance, car elle empêche son action de parvenir là où
elle devait arriver pour entretenir l'harmonie en combi-
nant et activant les mouvements respiratoires.

J'avais oublié de faire remarquer que lorsqu'on vient
à piquer le nœud vital, non seulement les urines deviennent limpides, mais la quantité est en notablement accrue.

Dans ma seconde note présentée à l'Académie le 10 no-
vembre 1851, sur les rapports entre les phénomènes respiratoires et la présence du sucre dans les urines, je m'ex-
primais ainsi :

« Dans une note précédente, nous avons annoncé qu'il
existe une liaison entre les phénomènes respiratoires et la
présence du sucre dans les urines, de telle sorte que toutes
les substances qui ralentissent la respiration en diminuant

l'hématose produite dans le poumon, sont autant de causes qui pourraient, à notre avis, déterminer le passage du sucre dans les urines. Nous avons ajouté que, suivant ce principe, on doit trouver du sucre dans les urines des individus soumis à des traitements hyposthénisants, et, pour les énumérer en un mot, nous n'aurons qu'à citer la généralisation de M. E. Robin. D'après lui, les substances qui, après la mort, préservent de la combustion lente effectuée par l'oxygène humide sont, à des degrés différents, des hyposthénisants pendant la vie. Par exemple, les sels métalliques, les éthers, les sels de quinine et en général les narcotiques.

» Ayant examiné les urines de personnes soumises à des traitements (1) de bichlorure, iodure et sulfure de mercure, sels d'antimoine, opium et sulfate de quinine, nous avons trouvé du sucre. »

Voici la troisième note présentée le 3 décembre 1851 :

« Dans mes notes précédentes, j'ai cherché à constater la liaison qui existe entre la respiration et la présence du sucre dans les urines; de telle sorte que toute cause jetant quelque trouble dans l'accomplissement de cette fonction occasionnerait le passage du sucre dans les urines.

» Nous avons parlé de la médication hyposthénisante qui préserve une partie du sang de l'action de l'oxygène. J'ajouterai aux exemples déjà donnés que, chez des chiens soumis à un traitement d'arsenic, de plomb, zinc, cuivre, de sulfate de fer, chez des malades traités au carbonate de fer, j'ai toujours constaté la présence du sucre dans les urines.

» J'aborde maintenant la deuxième partie de mes recherches. Lorsque la respiration viendra à être troublée, soit par une maladie propre du poumon ou par l'effet d'une

(1) J'ai su, après la publication de cette note, que M. Chevallier avait trouvé du sucre dans les urines pendant le traitement mercuriel.

autre affection qui jette quelque trouble dans son accomplissement normal, il y aura du sucre dans les urines.

» J'ai constaté sa présence dans les urines des tuberculeux, et la quantité en était d'autant plus grande, que la période de la maladie était plus avancée et que les phénomènes inflammatoires étaient moins intenses.

» Dans la pleurésie, dans la bronchite chronique, il y a du sucre dans les urines; il y en a aussi dans l'asthme.

» On en trouve aussi dans les cas d'hystérie et d'épilepsie, après les attaques.

» Dans le choléra, il doit y avoir du sucre dans les urines; car, d'après les expériences de M. Rayer, le poumon ne fait, dans cette maladie, subir à l'air aucun ou presque aucun changement. Il serait à désirer que les médecins, qui sont à même d'étudier cette maladie, recherchassent la présence du sucre dans les urines des malades. »

Nous avons aussi trouvé du sucre dans les urines après avoir bu une forte infusion de café.

J'ai eu occasion d'examiner les urines de deux hommes ivres, et j'y ai rencontré du sucre. On sait, d'après les recherches de Prout, que l'alcool est une des substances qui diminuent au plus haut degré l'exhalation de l'acide carbonique, et par là la respiration.

De plus, on sait, par les expériences de MM. Bouchardat et Sandras, que l'alcool empêche la transformation du sang veineux en sang artériel; celui-ci conserve la couleur propre au sang veineux, et par là l'alcool peut déterminer alors tous les accidents de l'asphyxie. Ces mêmes observateurs ont constaté la présence du sucre dans le sang veineux d'un individu ivre. On comprend alors très bien les causes qui déterminent le passage du sucre dans les urines chez les personnes ivres, et j'ajouterai que le sucre existe dans ces urines en quantité fort notable.

Présence habituelle du sucre dans l'urine des vieillards.

J'ai fait les expériences suivantes en commun avec M. Dechambre.

Les modifications que la respiration subit chez les vieillards sont tellement notables et importantes, que Réveillé-Parise n'hésite pas à les considérer comme l'origine première et le point de départ de la vieillesse ainsi que sa raison organique. La détérioration sénile des organes respiratoires empêche l'hématose de se faire convenablement et la calorification générale de s'effectuer dans les limites qu'exige l'exercice complet et normal de nos fonctions.

Ces modifications qui entravent la respiration sont : dépression latérale du thorax, projection du sternum en avant, roideur des articulations costo-vertébrales, dureté ou ossification des appendices cartilagineux, parenchyme pulmonaire raréfié, parois celluleuses amincies ou rompues, vaisseaux oblitérés. A moins que, pour une raison ou pour une autre, le sang des vieillards ne contînt pas de sucre ou n'en contînt que très peu, de telles conditions étaient, dans ma théorie, on ne peut plus favorables à la production de la glucosurie. En vue de vérifier cette conjecture, nous fîmes les expériences suivantes :

Expérience première. — Nous choisîmes d'abord, à l'hospice de la Salpêtrière, une femme âgée de quatre-vingt-un ans, dans le dernier degré de décrépitude. Nous nous assurâmes qu'elle était exempte de toux habituelle ou d'étouffement et ne portait actuellement aucun signe physique ou symptomatologique d'affection pulmonaire ou cardiaque ou de toute autre maladie capable de gêner la respiration; de telle sorte que l'insuffisance de combustion, si elle avait lieu, ne pût être attribuée qu'à l'état du poumon engendré par la sénilité. L'urine de cette femme, recueillie le matin, à la dose de 100 grammes environ, fut d'abord traitée par le sous-acétate de plomb, pour en séparer l'acide urique et autres matières organiques précipitables, puis placée sur un filtre. La liqueur filtrée fut débarrassée du sel de plomb qu'elle avait pu retenir au moyen du carbonate de soude, et filtrée de nouveau. Nous versâmes enfin de la liqueur saccharimétrique (cuprico-potassique) de M. Barreswil, et nous obtînmes, après une minute d'ébullition, un précipité rougeâtre très abondant (protoxyde de cuivre).

Expérience deuxième. — La même expérience fut faite sur les urines de cinq femmes, âgées de soixante-huit à quatre-vingt-un ans, couchées dans les salles de chirurgie de la Salpêtrière, l'une pour un abcès au bras, une autre pour des douleurs rhumatismales, la troisième pour une affection chronique de la peau, les deux dernières pour des contusions ; toutes jouissant, du reste, d'une bonne santé. L'urine de chacune de ces cinq femmes, également recueillie le matin, donna un précipité très caractéristique.

Expérience troisième. — Pour rencontrer plus facilement des vieillards exempts d'affection du cœur ou des poumons, nous nous fîmes autoriser à recueillir de l'urine hors de l'infirmerie, c'est-à-dire dans les dortoirs ; nous choisîmes le même jour huit femmes qui nous paraissaient offrir les conditions requises et âgées de plus de soixante-dix ans, mais étant déjà fort décrépites ; deux ne donnèrent qu'un léger nuage jaunâtre peu significatif; six, un véritable précipité rougeâtre.

Expérience quatrième. — Voulant savoir si la glucosurie était constante chez ces femmes ou seulement passagère, au bout d'une semaine, nous prîmes une seconde fois de l'urine de sept d'entre elles, y compris les six glucosuriques ;

chez deux, il n'y eut pas trace du nuage jaunâtre ; chez deux
autres, le nuage fut peu apparent ; chez les trois dernières,
il y eut précipité.

Les résultats obtenus jusque-là laissaient encore quelque incertitude ; la fermentation nous offrait un moyen
de vérification plus décisif ; nous y eûmes recours avec
succès.

Expérience cinquième. — Les urines de quatre femmes,
âgées de soixante-dix à quatre-vingt-douze ans, furent réu-
nies après avoir constaté, sur échantillons, qu'elles don-
naient un précipité rougeâtre par la liqueur de Barreswill.
Elles occupaient un tiers de litre environ. D'abord traitées
par l'acétate de plomb et le carbonate de soude, comme
dans les expériences précédentes, elles furent réduites par
évaporation à deux ou trois cuillerées à bouche, puis mises
en contact avec la levûre de bière, dans une cornue de
verre dont le goulot s'adaptait à un petit récipient. Nous
n'avons pris aucune disposition pour recueillir l'acide carbonique, la formation d'alcool pouvant suffire pour attes-
ter la présence du sucre. La distillation à feu doux amena
bientôt dans ce récipient 1 gramme environ d'un liquide
incolore. Le récipient fut alors enlevé et chauffé légèrement
pendant qu'on présentait à l'orifice une allumette enflam-
mée ; une flamme bleuâtre courut dans toute la longueur
du goulot, laissant après elle une odeur non équivoque
d'alcool.

Expérience sixième. — La même expérience fut faite
quelques jours après sur les urines de six femmes, âgées
aussi de plus de soixante-dix ans. La liqueur totale occu-
pait deux tiers de litre ; elle fut réduite par évaporation à
quatre ou cinq cuillerées à bouche. Cette fois, avec le premier produit de la distillation, n'équivalant pas à plus de
3 grammes, on put obtenir une flamme bleuâtre qui ne

cessa de couronner le goulot du récipient pendant huit ou dix secondes et laissa une véritable odeur de punch.

La fermentation alcoolique a donc été évidente ; partant, les urines expérimentées contenaient une quantité notab'e de principe sucré.

Nous avions eu d'abord l'intention, M. Dechambre et moi, de rechercher s'il y avait quelque proportion entre l'intensité de la glucosurie et l'âge des sujets ou le degré de décrépitude. Il en est ainsi très probablement ; mais les seuls essais auxquels le temps nous ait permis jusqu'ici de nous livrer, n'ont pas donné de résultat satisfaisant. Dans la troisième expérience, nous avions eu soin d'employer pour tous les sujets la même quantité d'urine et la même dose de réactif, et nous les avions classés suivant le degré d'abondance du précipité ; procédé peu rigoureux, sans doute, mais susceptible pourtant de fournir des indices de quelque valeur. Or, ce classement n'était pas du tout conforme à la progression de l'âge non plus qu'à celle de la décrépitude. Certaines femmes, très bien conservées malgré leur grand âge, ayant encore la peau souple, les seins assez développés, la poitrine peu déformée, ont donné beaucoup de sucre, tandis que d'autres, tout à fait desséchées, n'en ont donné que très peu ou même pas du tout. On comprend d'ailleurs combien une telle recherche devait présenter de difficultés, quand on réfléchit que, chez un même sujet, la glucosurie peut disparaître d'un jour à l'autre ou varier beaucoup d'intensité, ainsi qu'on l'a vu plus haut.

Diabète.

J'arrive maintenant à la maladie caractérisée surtout par la présence du sucre dans les urines. — Certes, on n'est pas malade parce qu'on a du sucre dans les urines, mais bien parce qu'il ne s'y trouve qu'à la suite d'un dérangement des fonctions vitales.

Nous ne prétendons pas caractériser une maladie par un de ses symptômes, car on sait, depuis Hippocrate même, qui disait : *una natura, una confluxio, consentientia omnia*, que l'organisme est un ensemble, un tout unique, qu'aucun système des parties isolées ne sert à une fonction exclusivement, que toutes les fonctions s'harmonisent, se coordonnent et concourent au même but final ; de manière qu'un dérangement dans telle fonction réagit ensuite sur les autres. Toutefois, il y a des fonctions qui sont plus importantes et dont l'altération entraîne plus de trouble dans les autres. Dans une maladie, il s'agit de déterminer quelle est la fonction qui a été primitivement altérée et qui a déterminé les autres perturbations. Dans le diabète, nous croyons que c'est la respiration qui a été altérée la première, et que tous les autres troubles qui accompagnent la maladie n'en sont que la suite. De plus, quoique, en général, les diabétiques ne meurent que par l'intervention des tubercules pulmonaires, on voit souvent, quand ils meurent avant la période de marasme, que les poumons sont parfaitement sains. Nous considérons cette tuberculisation comme une suite de l'altération profonde de la fonction, et nous croyons qu'une des causes les plus fréquentes du diabète est un dérangement dans les fonctions du nœud vital de M. Flourens, comme étant le premier moteur et le centre d'action de l'appareil de la respiration. — Nous examinerons ensuite la théorie qui explique le diabète par un manque d'alcalinité dans le sang, et celle qui s'en rend compte en admettant une augmentation dans la production du sucre par le foie; mais avant, nous allons montrer qu'il y a véritablement toujours un trouble dans la respiration.

D'abord la présence des tubercules en première ligne.

La quantité d'acide carbonique expiré diminue pendant le diabète (Coindet), de même que la chaleur animale baisse (Bouchardat). On sait que la quantité d'acide carbonique dégagée par la respiration est moindre à l'état de sommeil qu'à celui de veille; par là, la production de chaleur est moindre pendant le sommeil, et c'est pour cela que nous sentons alors le besoin de mieux nous couvrir, et que nous sommes plus exposés à nous refroidir.

Toutes choses égales d'ailleurs, la quantité de sucre augmente dans les urines pendant la nuit (Coindet), de manière que si, le matin, quand le malade vient de s'éveiller, on examine ses urines, on constate bien plus de sucre qu'à tout autre moment de la journée. — J'ai dit *toutes choses égales d'ailleurs*, car il est évident que c'est après le repas, quand on vient d'ingérer une grande quantité de féculents ou de sucre, qu'on trouve le plus de sucre dans ces urines.

Nous allons voir maintenant la quantité de sucre diminuer à mesure que la respiration augmentera. Un exercice modéré accélère les mouvements respiratoires, accroît la quantité d'acide carbonique exhalé, et l'absorption d'oxygène est, en général, triple de ce qu'elle est à l'état normal (Prout, Scharling, Lassaigne). Eh bien, la quantité de sucre diminue, d'après M. Bouchardat, dans les urines après un exercice régulier, les travaux dans les champs, à l'air libre, circonstances, comme nous venons de le voir, qui augmentent la combustion pendant la respiration.

On sait que le sucre disparaît des urines des diabétiques quand ils sont en proie à une fièvre intense. Cet effet, si inexplicable auparavant, se comprend très bien quand on se rappelle que la quantité d'acide carbonique exhalé a augmenté de manière que la respiration étant accrue, la production de chaleur augmentée, le sucre se détruit aussi bien que lorsque le malade est soumis à un exercice en plein air, et d'autant plus que la quantité en est moins grande à cause de la diète que les malades sont obligés de garder.

Comme dans les inflammations bien caractérisées qui ne gênent pas la respiration, l'acide carbonique exhalé augmente, il n'est pas extraordinaire que lorsqu'une inflammation se déclare chez un diabétique, ses urines puissent ne pas contenir du sucre. Je crois que cette explication satisfait plus que de dire que pour être diabétique il faut être bien portant (1).

Examinons les deux théories principales qu'on a émises sur la cause du diabète :

1º Chez les diabétiques, il existerait une source continuelle de sucre dans l'économie, indépendamment du sucre ingéré par les aliments. Ce sucre serait formé dans

(1) Nous avons déjà admis que les éléments de nos organes qui deviennent impropres à leur structure et fonctions, par suite de leur exercice, sont brûlés par l'oxygène et rejetés sous la forme d'acide urique, urée, etc. Dans le diabète, ces substances diminuent tellement dans les urines que longtemps on y a nié leur existence. Cela prouve que pendant cette maladie, les matières qui leur donnent naissance ne sont pas brûlées dans l'économie. Ici, on peut supposer deux choses qui sont également vraies : 1º Par suite de l'abaissement du dégagement de chaleur, la quantité de vie diminue et la nutrition de nos organes aussi ; par conséquent les matériaux qui donnent naissance aux composés urique, diminuent, et l'on comprend facilement alors pourquoi ils se trouvent en si petite quantité dans l'urine. 2º La respiration étant diminuée, la combustion des parties de nos organes impropres à la vie ne peut plus se faire aussi bien que lorsque la respiration est à l'état normal. Ces éléments, ne pouvant être rejetés, séjournent dans l'économie, y subissent diverses transformations et donnent naissance à des dépôts purulents, des gangrènes, etc., que l'on rencontre souvent chez les diabétiques.

le foie, et sa production serait tellement augmentée que l'économie, ne pouvant pas l'utiliser, le rejetterait. Il y a un fait capital contre cette théorie, fait qui prouve que le sucre rejeté de l'économie chez les diabétiques provient des féculents ou du sucre ingéré; car lorsqu'on vient à supprimer ces deux substances, les urines ne contiennent plus de sucre. Tous les médecins qui ont eu occasion d'observer cette cruelle maladie sont d'accord sur ce fait. Cependant nous citerons deux autorités à l'appui de notre assertion :

« La proportion du sucre contenu dans les urines est en » rapport constant avec la proportion des aliments fécu» lents et sucrés. » (Andral, *Pathologie interne*, t. II, p. 447.)

« C'est un fait pour moi démontré que les urines de » presque tous les diabétiques soumis depuis quelques » jours ou à la diète ou au régime animal *exclusif*, ne ren» ferment *aucune trace de sucre*. » (*Loc. cit.*)

« C'est une circonstance favorable et qui est, je dois le » dire, la plus commune, de voir les urines revenir à leur » quantité et à leur composition normales après vingt» quatre heures ou quarante-huit heures d'un régime d'où » les aliments féculents et sucrés auront été sévèrement » exclus. » (Bouchardat, *Du diabète sucré*, p. 44.)

Cette théorie ne compte en sa faveur qu'un seul fait « *exceptionnel*, » rapporté par M. Andral (*Path. int.*, t. II, p. 450), où l'on voit un malade chez lequel le sucre apparut dans les urines quoiqu'il fût soumis au régime animal. Mais si l'on considère que ce malade était à l'hôpital où il ne pouvait pas être surveillé, qu'il pouvait bien, par suite, manger le pain de ses camarades, et que, de plus, il n'avait que dix-sept ans, ce qui ferait comprendre son écart de régime, ce fait perd un peu de sa valeur. Mais, même en supposant que le malade n'ait pris ni féculents, ni sucre, faudra-t-il baser une théorie sur un fait exceptionnel, exposer un grand ensemble d'observations comme des exceptions? Il nous semble plus logique d'attendre que d'autres faits semblables soient acquis par l'expérience avant de se prononcer.

Nous avons déjà dit ailleurs, et nous le répétons ici, que le sucre étant détruit normalement dans l'économie, quand il ne se détruit pas, il faut admettre, ou que sa quantité a augmenté au delà de la force destructive de l'organisme, ou que cette force a diminué.

Si la quantité de sucre a augmenté, cela peut tenir à ce que l'économie en reçoit par les aliments féculents et sucrés plus qu'elle n'en peut détruire, et que l'économie en produit elle-même plus qu'elle n'en consomme, indépendamment des aliments féculents ou sucrés.

D'abord, il y a une sorte d'instinct qui nous mesure les quantités d'aliments respiratoires dont nous avons besoin; ensuite, nous avons dit ailleurs que le sucre qui n'est pas détruit immédiatement peut se convertir en graisse et se déposer dans l'économie. L'expérience a démontré que si, à l'état de santé, on vient à ingérer une forte proportion de sucre, il passe dans les urines, et cela arrive aussi lorsqu'on injecte dans les veines du glucose au delà de certaines limites. Mais cela n'est plus le cas chez les diabétiques. Chez eux, une quantité de sucre qui serait détruite à l'état de santé, reparaît dans les urines. Il faut donc admettre que c'est la force de destruction qui a diminué, et l'on sait que cette destruction est sous la dépendance de la *respiration*.

Quant à cette production *outre mesure* du sucre par le foie, en dehors des féculents, nous avons déjà dit pourquoi nous ne la croyions pas nécessaire pour expliquer le diabète.

2° Cette théorie a pour base les observations de M. Chevreul sur l'influence des alcalis dans la transformation des matières organiques en présence de l'oxygène. M. Mialhe a observé que le sucre de raisin ou de diabète n'a aucune action réductrice sur l'oxyde de cuivre, soit à froid, soit à chaud, et qu'il n'acquiert la propriété désoxygénante qu'après avoir été chimiquement influencé par une substance alcaline, libre ou carbonatée ; il a déduit de là que c'est par les alcalis normalement contenus dans le sang, et les liquides animaux que s'effectue la transformation de la matière sucrée. Si l'alcalinité n'est plus suffisante, la transformation ne peut avoir lieu ; le sucre n'étant plus ni décomposé, ni assimilé, se répand dans toute l'économie, devient un corps étranger, et, comme tel, est rejeté par les glandes rénales et par tous les appareils sécrétoires.

« La maladie diabétique reconnaît donc pour cause un
» vice d'assimilation du sucre par défaut d'alcalinité suffi-
» sante dans l'économie animale. Chez l'homme sain, le
» sang est alcalin et doit rester alcalin pour l'accomplisse-
» ment des fonctions interviscérales. Mais les éléments
» d'acidité, constamment introduits dans l'économie, ten-
» draient à prédominer, s'ils n'étaient équilibrés et éliminés
» par les sécrétions spéciales, les sueurs et les urines.

» Ces éléments d'acidité sont :

» 1° L'ingestion des acides eux-mêmes ;

» 2° L'alimentation exclusivement azotée ; les viandes,
» par les matières albuminoïdes qu'elles renferment, con-
» tiennent beaucoup de soufre et de phosphore ; ces corps,
» par leur combustion dans nos organes, donnent nais-
» sance à une grande quantité d'acides sulfurique et phos-
» phorique, qui se répandent dans toutes nos humeurs, y
» saturent d'abord les bases alcalines qu'ils y rencontrent,
» et finissent par prédominer.

» 3° Le défaut de transpiration de la peau, émonctoire
» destiné à éliminer les acides de l'économie. »

M. Mialhe termine l'exposé de sa théorie par cette
phrase :

« . . . Tant qu'on ne me démontrera pas la présence
» du glucose dans les urines normalement alcalines des
» herbivores, c'est-à-dire la possibilité de l'existence du
» glucose en présence d'un excès d'alcali, je resterai in-
» ébranlable dans mes convictions. »

Si nous ne partageons pas tout à fait la manière de voir
de M. Mialhe, du moins nous avouerons que cette théorie
l'a conduit à conseiller un traitement dont les médecins
sont à même tous les jours de constater les bons résultats.

Voici quels sont les points sur lesquels je ne partage pas
l'opinion de M. Mialhe. Pour que le sucre se détruise dans
l'économie, il est évident qu'il faut la présence des alcalis,
mais aussi d'autres conditions sont indispensables. Si
l'oxygène ne se trouve pas dans les conditions favorables
de quantité, soit par suite de l'inspiration de gaz irrespirables, ou de l'impossibilité d'entrer dans les voies pulmonaires, si la structure des poumons se trouve modifiée, etc.,
enfin si toutes les conditions normales de la respiration ne
se trouvent pas remplies, le sucre ne se détruira pas,
quelle que soit l'alcalinité du sang. En voici un exemple :
J'ai fait respirer de l'éther à un lapin, ses urines contiennent du sucre, et cependant elles sont alcalines.

Parmi les éléments d'acidité, M. Mialhe place la viande,
et cependant c'est cet élément qui, comme nourriture,
convient le mieux aux diabétiques.

Le régime de la viande est utile dans le diabète, parce
que les féculents et le sucre étant éloignés de l'alimentation, ne peuvent séjourner dans l'économie, et que par là
on parvient à empêcher beaucoup des troubles qui sont la

suite de cette présence anormale du sucre dans le sang.
Mais l'usage de la viande seule n'aboutit qu'à un mieux
momentané ; car, aussitôt qu'on reprend des féculents ou
du sucre, les symptômes alarmants du diabète reviennent.
Il est clair qu'il faut employer le régime animal ; mais aussi
il faut tâcher de détruire la cause qui empêche l'assimilation du sucre.

Dans la théorie de M. Mialhe, s'il est vrai qu'il n'est pas
dit le contraire de l'opinion que nous venons d'énoncer
sur le régime animal, il est évident aussi, d'après cette
théorie, que, par le régime animal exclusif, le malade
devrait empirer au lieu de se rétablir, car cet élément
d'acidité empêcherait la présence des alcalis libres ou
carbonatés, et par là rendrait plus anormale la composition
du sang, ce qui donnerait naissance à d'autres troubles
que ceux qui se manifestent quand le sucre intervient dans
l'alimentation ; de manière que ce que l'on gagnerait en
s'abstenant des féculents, on le perdrait en se nourrissant
de viande.

La cause qui détermine le défaut d'alcalinité dans le sang
est, d'après M. Mialhe, la suppression de la sueur, émonctoire destiné à éliminer les acides de l'économie, lesquels,
s'ils ne sont pas éliminés, empêchent la présence dans le
sang des alcalis libres ou carbonatés.

Sous les divers climats et dans les différentes périodes de la vie, nous voyons toujours la sueur et l'urine avoir
une relation telle dans leur production, qu'elles sont toujours en raison inverse l'une de l'autre. Nous voyons toujours que lorsque la sueur augmente, l'urine diminue, et
vice versâ, et, au moyen de ce balancement, la santé se conserve, car toujours la même fonction d'élimination se fait,
quoique par des organes différents. A part la relation qu'on
remarque entre la production de ces deux sécrétions, on

est convaincu qu'elles ont des liens plus étroits, si l'on examine et compare leur composition chimique ainsi que les appareils qui servent à les séparer de la masse du sang. Dans le diabète, la sécrétion urinaire est tellement augmentée que l'on ne comprend pas pourquoi cet accroissement dans la production de l'urine ne ferait pas équilibre à l'absence de la transpiration cutanée. Je crois même que cette disparition de la sueur n'a été dans la plupart des cas que la suite de l'augmentation de la sécrétion urinaire.

Quant à cette augmentation de l'urine, on peut s'en rendre compte, si l'on se rappelle un fait déjà trouvé par Woehler, que tous les sels qui sont éliminés par les urines activent la sécrétion de ce liquide. Le sucre, dans le diabète, est une substance qui ne peut pas être utilisée par l'économie et qui est éliminée par les urines ; il activerait la sécrétion de ce liquide, comme pourrait le faire un *diurétique* quelconque. La soif qui accompagne la maladie ne serait alors que la suite du besoin qu'éprouve l'économie de se débarrasser de cette substance, et, de plus, elle serait inévitable parce que, au fur et à mesure qu'on introduit du liquide, ce liquide serait éliminé promptement par suite de l'activité de la sécrétion urinaire.

Du reste, les expériences de M. Bouchardat prouvent que le sang des diabétiques est tout aussi alcalin qu'à l'état normal.

Mais, même en supposant que cette théorie ne soit pas vraie d'une manière absolue, elle aura du moins servi à faire sentir que les alcalis, comme activant et facilitant la destruction du sucre, doivent être conseillés dans le diabète. C'est peut-être parce qu'ils facilitent la combustion et par là, le dégagement de chaleur, que les alcalis sont des excitants généraux.

L'alcalinité du sang, étant une des conditions de la destruc-

tion du sucre dans l'économie, peut devenir, quand elle est altérée, une cause de diabète.

M. Bouchardat s'est beaucoup occupé du diabète dans ces derniers temps, surtout sous le point de vue du traitement. Nous n'examinerons pas son travail ; il sort un peu de notre sujet, qui est de découvrir les causes de la maladie.

Dans le diabète, les aliments féculents et sucrés sont digérés de la même manière qu'à l'état normal ; seulement, à l'état normal, ils sont assimilés et détruits pendant l'acte de la respiration, tandis que dans le diabète, ils ne sont pas détruits par suite d'une modification dans la respiration. De manière que les causes du diabète peuvent être toutes celles qui jettent des troubles profonds dans l'exercice de cette fonction. Mais, presque toujours, son origine est dans les perturbations des fonctions des centres nerveux qui président à la respiration.

On peut encore aller plus loin, et plus tard on arrivera à trouver d'autres causes du diabète, quand on connaîtra mieux les usages et les moyens de destruction du sucre dans l'économie, et alors on verra que tout ce qui entrave la destination normale du sucre peut donner naissance au diabète. Comme, dans l'état actuel de la science, c'est à la respiration qu'on attribue la destruction du sucre, et comme on peut expliquer par des troubles dans cette fonction les cas où les urines deviennent sucrées, nous admettrons donc l'altération de la respiration comme la cause du diabète.

Action du curare.

Une des preuves les plus concluantes de la théorie que je viens d'émettre m'a été fournie par un fait trouvé par M. Bernard, après mes premières expériences. Ce fait montre que, si le système nerveux joue un rôle dans le passage du sucre dans les urines, il faut considérer son action comme intervenant dans la respiration, et non pas comme excitant la force glucogénique du foie.

M. Bernard vient de trouver que lorsque l'on tue des animaux avec le curare, il y a passage du sucre dans les urines.

Ce fait rentre naturellement dans la catégorie de ceux que j'ai précédemment observés. Le curare, en effet, agit, comme l'ont prouvé les belles recherches de Münter et Virchow, en détruisant, en abolissant la respiration, de sorte qu'il tue plutôt par asphyxie que par toute autre cause. On peut prolonger la vie plus ou moins longtemps en pratiquant la respiration artificielle.

MM. Pelouze et Bernard ont prouvé, d'un autre côté, que le curare détruit toutes les propriétés du système nerveux. On ne peut donc dire qu'il les excite pour réagir ensuite sur le foie. On pourrait objecter, il est vrai, qu'avant de le détruire le curare surexcite à un haut degré le système nerveux; mais alors il faudrait établir une hypothèse pour en prouver une autre.

Sur la manière de chercher le sucre dans les urines.

On peut employer trois procédés pour arriver à ce but. Le premier, le plus important, le plus décisif, celui sans lequel on ne doit jamais rien conclure, c'est la fermentation, et je crois inutile de rapporter ici comment on procède.

Le second est fondé sur la propriété des sels de cuivre d'être décomposés par le glucose en présence des alcalis. C'est le procédé le plus usité, mais c'est aussi celui qui peut induire le plus facilement en erreur; car en l'employant on peut soupçonner la présence du sucre là où il n'y en a pas, et rester dans le doute là où il y en existe. Il faut donc se mettre à l'abri de ces erreurs. Pour cela, il faut commencer par séparer les substances albuminoïdes qui réduisent aussi les sels de cuivre en présence des alcalis. A cet effet, on ajoute aux urines de l'acétate tribasique de plomb. On verse dans le liquide filtré du carbonate de soude pour séparer l'excès de sel de plomb; on filtre de nouveau et l'on concentre le liquide. C'est là qu'on doit chercher le sucre au moyen de la liqueur de Barreswil ou tartrate cuprico-potassique. Malheureusement on néglige toujours les précautions que nous venons d'indiquer, parce qu'on ne veut pas y consacrer le temps nécessaire. Même en opérant de la manière ci-dessus, il faut avoir recours à la fermentation pour conclure définitivement à la présence du sucre.

Le troisième procédé, c'est la polarisation. Pour obtenir de bons résultats, il faut précipiter aussi les urines par le sous-acétate de plomb pour les décolorer et précipiter les principes albuminoïdes. Mais il faudra encore contrôler par la fermentation le résultat ainsi obtenu. L'usage de la polarisation est assez délicat; mais heureusement les personnes qui voudraient être à même de l'employer ont à leur disposition pour s'éclairer les mémoires de M. Biot et la brochure de M. l'abbé Moigno (*Pratique et théorie du saccharimètre-Soleil*).

Une remarque générale que je dois faire, c'est que si l'on

cherche le sucre dans les urines qui n'en contiennent qu'une petite quantité, il faut opérer au moins sur trois ou quatre onces d'urine que l'on concentre et que l'on traite ensuite par les procédés ci-dessus.

Note. — J'ai cru devoir m'abstenir de toute indication pour le traitement du diabète, et c'est avec regret que j'ai vu tirer de mes expériences un mode de traitement contraire à tous les résultats scientifiques. On a raisonné de la manière suivante : « Si le diabète provient d'un manque de » respiration, d'une diminution de la combustion du sucre, » rien ne sera plus facile pour activer cette combustion » que d'employer un air dans lequel l'oxygène soit en plus » grande proportion que dans l'air atmosphérique. Et pour » atteindre une combustion bien plus active, il faudra » employer les inspirations d'oxygène. »

Il est possible que des inspirations de ce gaz aient produit de bons résultats dans la pratique; mais je suis sûr que ces effets ne peuvent pas être attribués à ce que la combustion ait été augmentée; car MM. Régnault et Reiset (1) ont prouvé que la respiration des animaux des diverses classes, dans une atmosphère renfermant deux ou trois fois plus d'oxygène que l'air normal, ne présente aucune différence avec celle qui s'exécute dans notre atmosphère terrestre. La consommation d'oxygène est la même, le rapport entre l'oxygène contenu dans l'acide carbonique et l'oxygène total consommé ne subit pas de changement sensible; la proportion d'azote exhalé est la même; enfin les animaux ne paraissent pas s'apercevoir qu'ils se trouvent dans une atmosphère différente de l'atmosphère ordinaire.

(1) *Annales de chimie et de physique,* t. XXVI, p. 517.

Je crois que si l'on voulait augmenter la respiration en changeant la composition de l'air, il faudrait remplacer une partie de l'azote par de l'hydrogène et donner à respirer aux malades un mélange d'oxygène, azote et hydrogène, car alors la consommation d'oxygène est plus grande. Mais cependant, je m'abstiens de prendre la responsabilité de cette indication, et si j'ai cru devoir la faire, c'est parce que c'est le seul cas où la composition de l'air peut augmenter la consommation d'oxygène.

Paris. — Imprimerie de L. MARTINET, rue Mignon, 2.